CE LIVRE

APPARTIENT À :

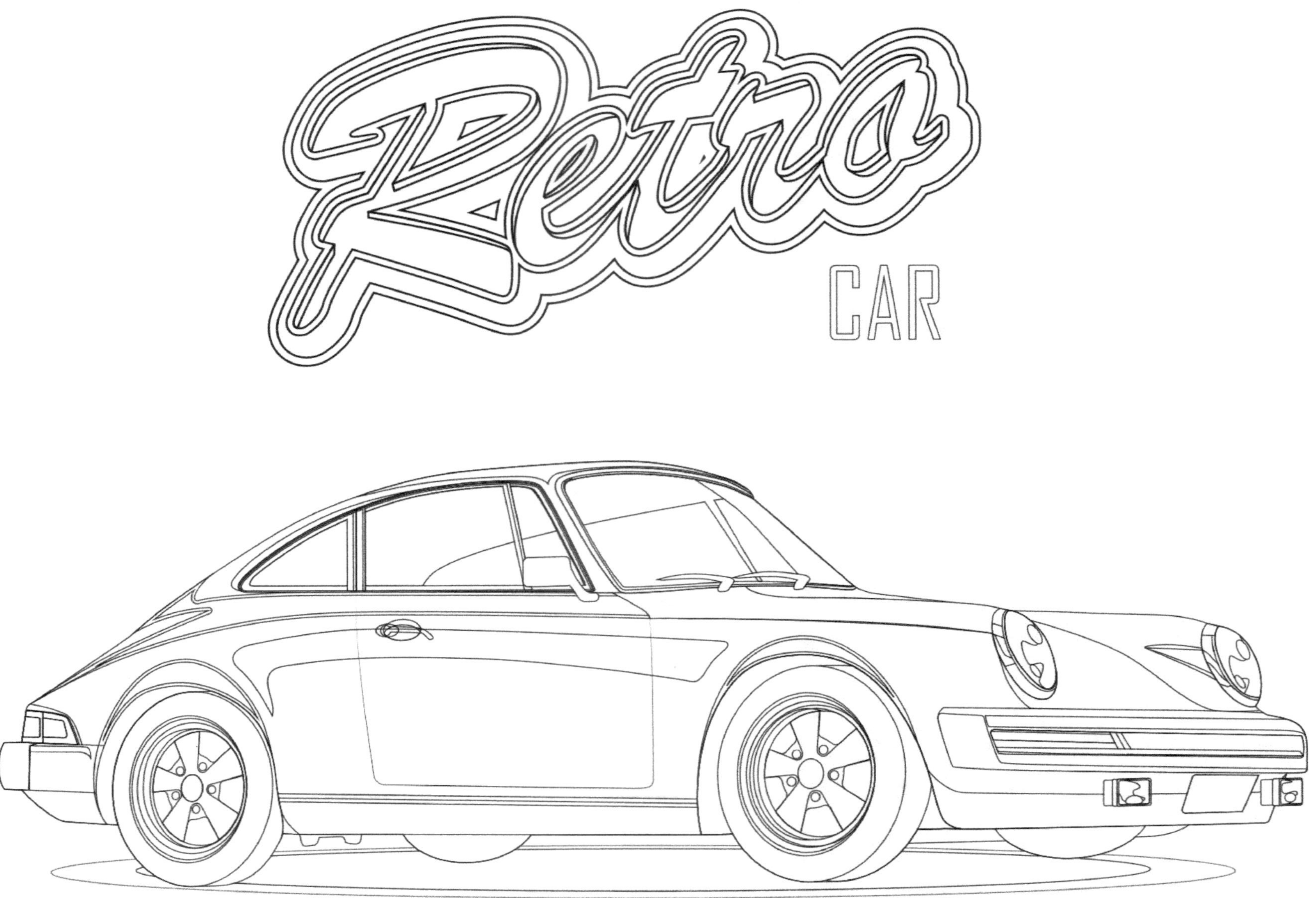

Retro
CAR

CUSTOM
IN SPEED
WE TRUST
MOTOR

Classy Collection

300 SL

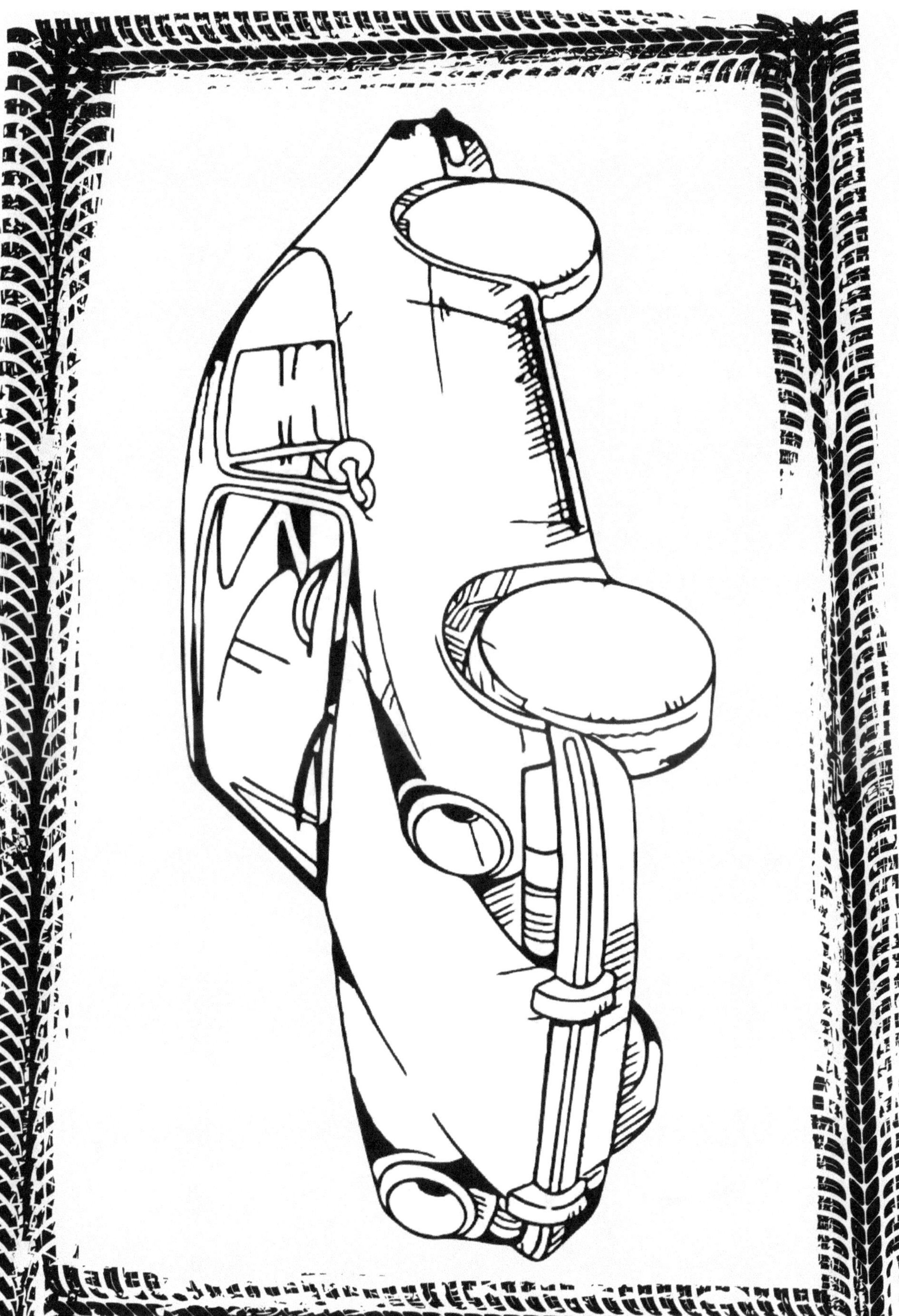

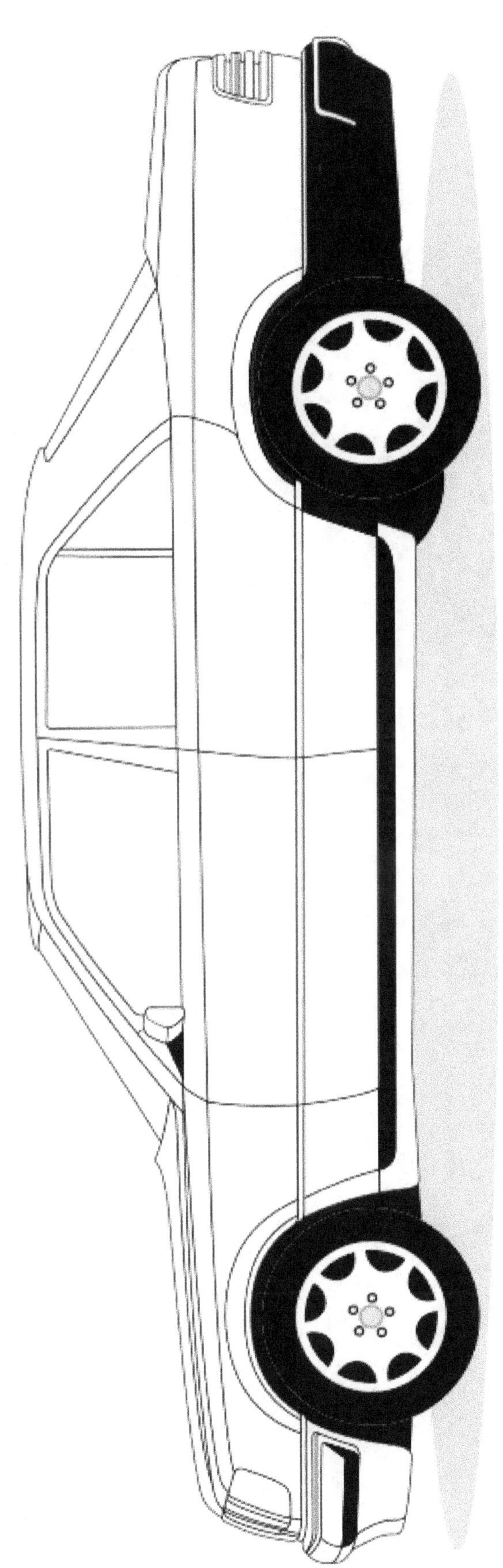

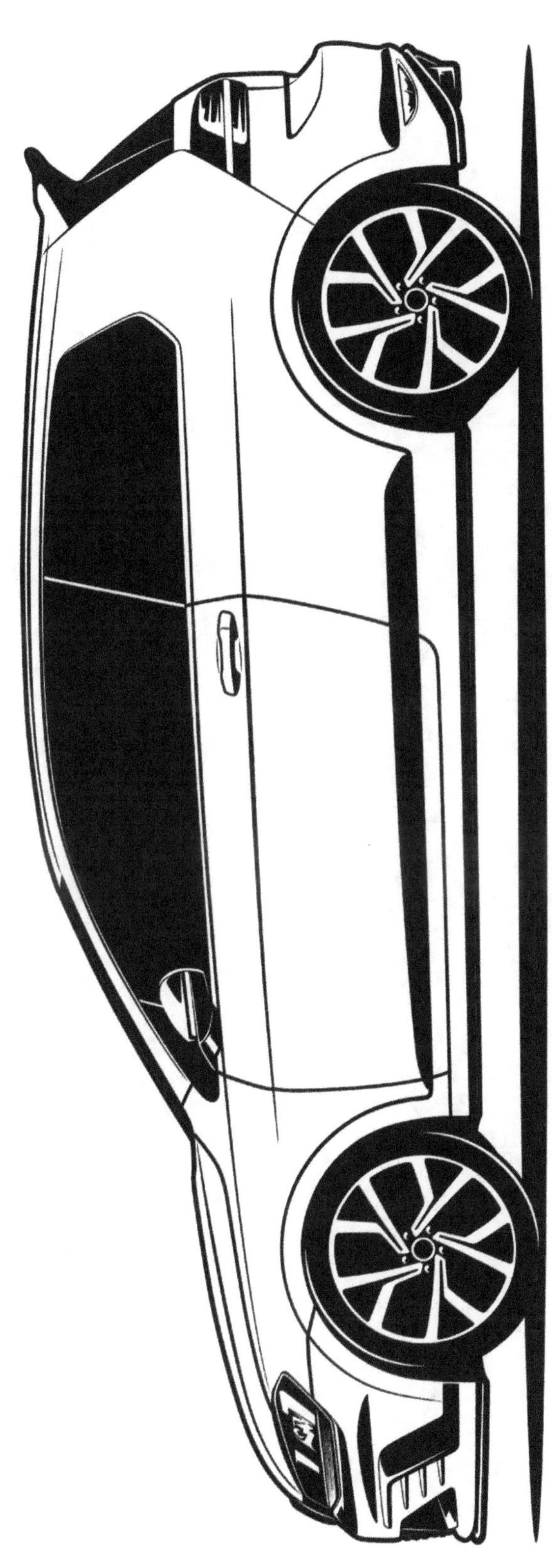

TEST COULEURS

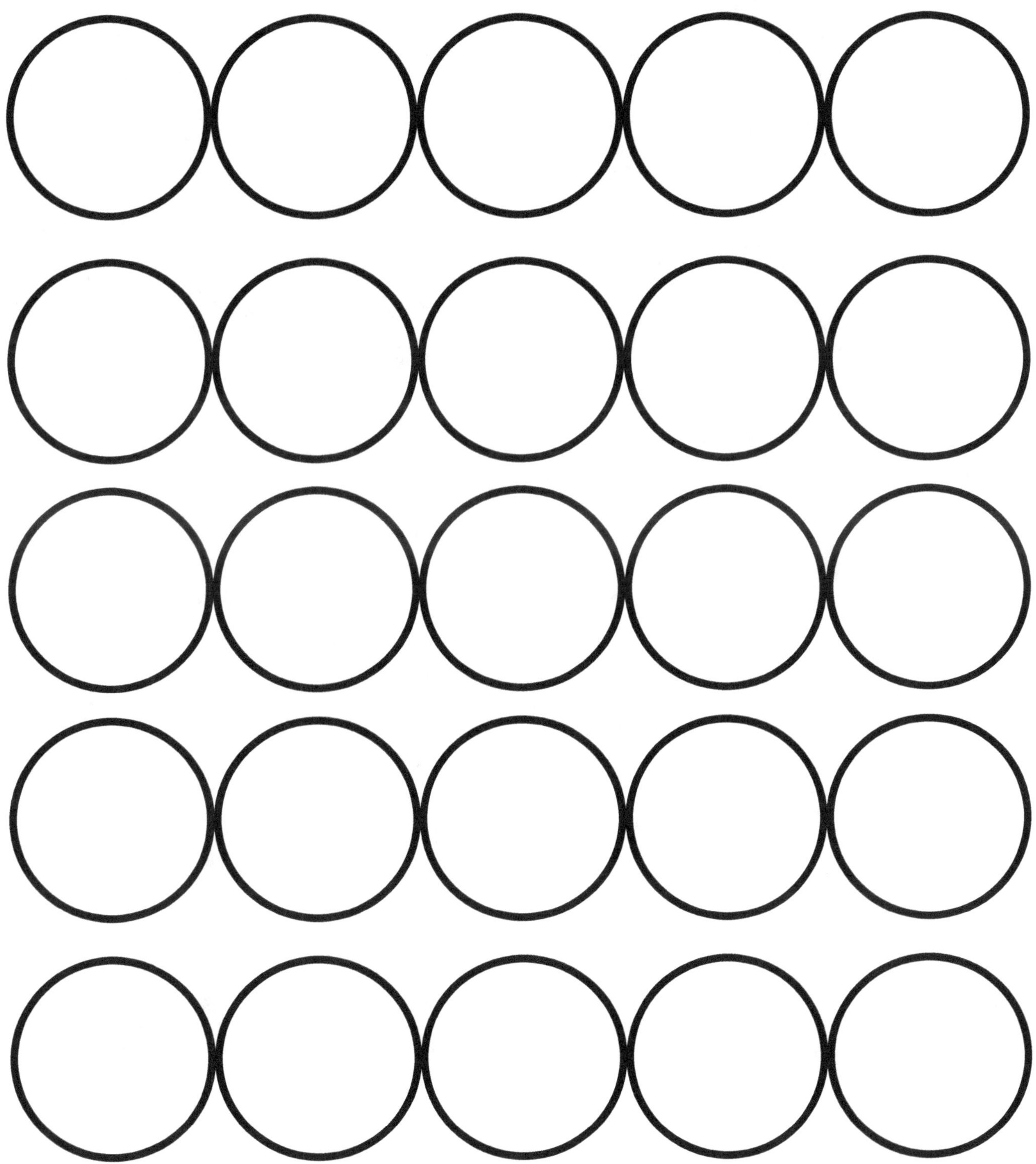

TEST COULEURS

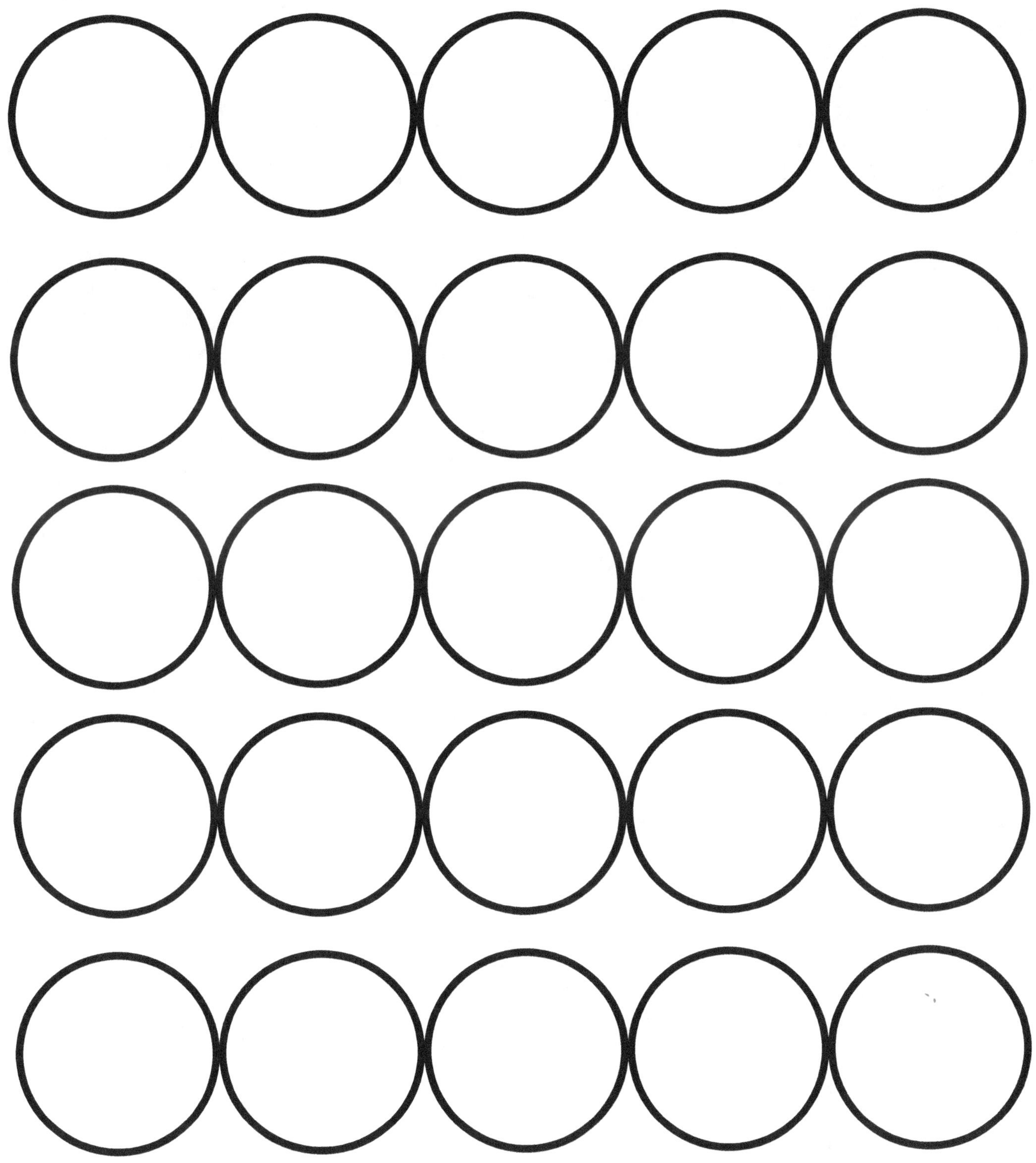

www.ingramcontent.com/pod-product-compliance
Lightning Source LLC
Chambersburg PA
CBHW080810120726
48001CB00009B/2891